Otto W. Bringer

Zuerst kommt die Mode – dann kommt die Moral

Wer im Mainstream schwimmt braucht einen Rettungsring.

Copyright: © 2016 Otto W. Bringer
Satz: Erik Kinting
Titelgestaltung vom Autor

Erschienen bei tredition GmbH, Hamburg
978-3-7345-8113-7 (Paperback)
978-3-7345-8114-4 (Hardcover)

Bibliografische Information der Deutschen Nationalbibliothek:
Die Deutsche Nationalbibliothek verzeichnet diese Publikation in der Deutschen Nationalbibliografie; detaillierte bibliografische Daten sind im Internet über http://dnb.d-nb.de abrufbar.

INHALT

VOR-BEMERKUNG.

Gerne gebe ich zu, in meinen Analysen und Folgerungen subjektiv zu sein. Da und dort auch ungerecht. Gegenüber Menschen in ihrer persönlichen Situation. Sachverhalte überzogen, damit jeder versteht auf was es mir ankommt: Die Freiheit des Individuums ist in Gefahr. Bedroht durch Mode und alles was auftaucht. Sich dick macht. Und husch wieder weg ist.

Nach fünf Büchern über Leben, Liebe und Kunst sollte ich mal auf den Putz hauen, meinten Freunde. Den Zeitgeist prügeln. Was ich mit Freude getan habe. Hoffe dabei den ein oder anderen zu finden, auf den nicht zutrifft, was ich prügele.

ANLASS.

Unbändiger Zorn, begleitet von einem Gefühl der Ohnmacht, trieb mich, dieses kleine Buch zu schreiben. Weil es um eine große Sache geht. Die Freiheit des Individuums. Ich will den Zeitgeist anklagen. Dem man nur schwer entfliehen kann. Jeder meint, ihm folgen zu müssen. „In" zu sein und nicht „out". Der Zeiten Geist, der von Moden jeder Art und Dauer bestimmt wird. Alles ist Mode. Vor übergehendes Ereignis. Nichts hat Bestand. Das Chaos in den Köpfen ist deshalb groß. Aber sie merken es nicht. Halten für selbstverständlich und notwendig, dass sich alles, aber auch alles ändert. Ändern muss. Nur nicht sie selbst.

Wären es nur Trends in der Kleidermode, bräuchten wir uns keine allzu großen Sorgen zu machen. Wenn auch der Gleichmachereffekt dem Einzelnen kaum Chancen lässt, sich zu profilieren. Trotz der Varianten im Angebot.

Alles ist Mode, dominiert unser Denken. Von morgens bis abends. In der Nacht träumen Mädchen von noch knapperen Hotpants. Neuesten Tatoo-Motiven auf Arm, Rücken oder Bein. Ringlein an Lippen, Ohr, Nasenloch oder Vagina. Der Freund ist geil auf solche Sachen. Frau und Mann sind sich einig, wenn´s nicht mehr klappt, lassen wir uns scheiden. Treue, was ist das?

Vergeuden unsere Zeit damit, persönliche Befindlichkeiten in den Äther zu tippen. Botschaften an die Welt, die die Welt nicht interessieren. Aber die Möglichkeit allein ist jede Sünde wert. Twitter, Facebook, virtuelle Bühne für Jung und Alt, zieht zigtausende an wie ein Magnet. Faszinierendes Panoptikum wie es scheint. Alles im Blick. Aber …

… nichts lässt Luft für eigene Entscheidungen. Kein Maßstab, der man selber ist. Mode das Maß aller Dinge. Alle wollen es so. Also will ich es auch. Vergeudet seine Zeit an iPads und twittert wie Angela Merkel auf Teufelkommheraus. Nächtelang im Video zu Besuch bei Beyoncé und ihrem kreisenden Hintern. Dabei sein ist alles. Neuerdings kann jeder mit „Sims4" seine eigene Welt erschaffen. Mit Haus, Möbeln und Whirlpool. Mondrakete. Champagner, Frauen, Männern und Lotterbett. Realität ist ausgeblendet. Wie sollen solche Menschen fit werden, ihr reales Leben gut zu meistern, wenn Illusionen ihr Gespür für die Wirklichkeit vernebeln? Solcher Spaß hat Folgen.

Auch Erwachsene wollen jung sein. Sie folgen den Moden wie die Jungen. Und niemand von den fröhlichen Menschenkindern scheint zu merken, dass er seine Freiheit verspielt. Das wertvollste Gut, das sie besitzen: Frei sein. Selbst bestimmen, an was sie glauben, was sie für wichtig halten. Auf wen sie hören. Was sie schön finden. Und zu ihnen passt. Wem sie ihr Vertrauen schenken.

Lieben oder nicht. Kaufen oder bleiben lassen. Aus eigener Überzeugung. Nicht nach den Zwängen gängiger Mode oder Trends. Mögen Freunde und Kollegen ihnen noch so eifrig nachlaufen.

Schöner Traum, nach Lust, Bedarf und eigener Einschätzung Entscheidungen zu treffen. An Gott zu glauben. Ewiges Leben nach dem Tod. Oder auch nicht. Zopf oder Glatze zu tragen zum Beispiel. Hauptsache Mann hat Kopf oder Profil für solche Extravaganzen. Alle anderen werden es respektieren. Ihn sein lassen, der er ist. Wenn nicht, steht er darüber.

Ebenso einer, der sich entscheidet, in einer Regatta zu rudern. Trainiert, trainiert, trainiert. Vernachlässigt Discofreunde. Will siegen im Team eines Tages nachdem er den inneren Schweinehund besiegt hat. Der lieber faul auf der Matratze liegt, die „Toten Hosen" in den Ohren, als sich anzustrengen.

Wer mehr leisten will, herausfinden ob er´s kann, ist besser dran. Geachtet von sich selbst und der Gesellschaft. Wer einmal versprochen hat, die Treue zu halten, lässt sich nicht scheiden. Gegen den Trend.

Auch wenn die Zeiten schwieriger werden als erwartet.

Tief innen hat alles seinen Sinn. Sinn, der zufrieden macht, wenn man ihn erkannt hat. Enttäuschung und Leid erträgt. Per Saldo glücklich macht. Nachdenken und Vordenken dringend empfohlen.

Moden machen individuellen Lebensphilosophien Probleme. Schwierig genug, sich gegen Trends durchzusetzen. Vorausgesetzt man erkennt sie als Trend. Ihnen nur zu folgen, wenn sie zu einem passen, länger als vier Wochen Freude bereiten. All das, was geschieht, ist Mode. Sogar was nicht geschieht. In die Kirche gehen Sonntags zum Beispiel. Alles wechselt, vergeht. Verfliegt wie ein Auspuff in frostiger Luft.

Nach so flüchtigen, nicht kalkulierbaren Vorbildern sollen wir unser Leben einrichten? Die Freiheit des Individuums gerät in höchste Gefahr. Freiheit wird zur Farce.

Es klingt wie Hohn, wenn Politiker auf das Grundgesetz verweisen. Aber handeln, als gäbe es diesen Passus nicht. Wortwörtlich Schwarz auf Weiß formulierter Anspruch jedes Bürgers auf persönliche Freiheit. Frei zu denken, zu sagen, zu handeln Solange er niemand anderem Schaden zufügt. Politiker tun es oft genug.

Freiheit mit zwei Fingern der rechten Hand feierlich beschworen von denselben Leuten beim Amtseid. Bei jeder sich bietenden Gelegenheit wiederholt, betont und ausgeschmückt. Ihrem Image Glanz zu verleihen. Zum Wohle des Volkes klingt gut. Was aus Berlin oder Brüssel zu uns kommt, raubt uns jedes Mal ein Stück Freiheit. Dagegen protestieren nur wenige Verzweifelte. Aber den Moden verfallen Massen ohne zu klagen. Ich könnte schreien.

Ereignisse in der Welt bewegen unsere Gedanken. Falls sie überhaupt in Sachen Freiheit zu denken imstande sind. Warum sollten sie auch? Anbieter von allem und jedem denken für uns. Sie sagen es jedenfalls. Wünschen uns von allem das Beste. Beteuern es pausenlos. Das Wort Freiheit habe ich im Vokabular der Tagesgeschäfte nicht entdeckt. Frei in der Auswahl. Na ja. Hut oder Mütze? Das Erste oder RTL? SPD oder die Linke? Madeira oder Helgoland? Gin oder Wodka? Kino oder Video? Alternativen in Fülle, denen man ausgeliefert ist. Jede von ihnen beansprucht die beste zu sein. Aber wie sollen Verbraucher es prüfen? Können nur ja sagen oder nein.

Wo spricht man von Freiheit? Freiheit gelehrt und erklärt im Schulunterricht. Gefeiert an Nationalfeiertagen. In Kolumnen der Zeitungen und Zeitschriften immer mal wieder ein Thema. Von Kommentatoren absichtsvoll mit Fragezeichen versehen. Es klingt wohlfeil auf dem Markt der Eitelkeiten. Über Freiheit reden und schreiben ist leichter als sie ernst zu nehmen. Freiheit will im Chaos der Gedanken interpretiert werden. An Beispielen. Immer wieder. Könnte das Thema der Woche sein. Den ein oder anderen aufmerken lassen. Viele der ein und anderen zur Streitmacht summieren, Mode als flüchtige Verlockung darstellen, der man nicht immer folgen muss. Während Mehrheiten sich treiben lassen. Von Lust und Tageslaune getrieben, das Neueste, Modernste, Attraktivste zu erhaschen. Zum Schnäppchenpreis natürlich.

Die so denken und handeln, vergessen, dass sie Opfer sind und keine Täter. Opfer raffiniert ausgeklügelter Strategien. Die allein einem Zweck dienen. Meinungen zu vereinheitlichen oder Geschäfte zu machen. Folgen den Versprechungen der Werbenden allzu gern. Ist man doch fortschrittlich und up-to-date. Um einen englischen Begriff zu benutzen. Den mittlerweile auch türkische Großväter verstehen. Zum Thema Sprache später mehr.

Der Begriff Freiheit ist offen. Deutbar in alle Himmels- und Geschmacksrichtungen. Freiheit „von", Freiheit „für". Jeder versteht Freiheit anderes. Die Verwirrung ist groß. Meinungsführer müssten erklären, was Freiheit ist. Damit die Menschen einen Nenner haben. Auf dem sie sich treffen können, zur besseren Verständigung. Unsere vielgepriesene Freiheit wird falsch interpretiert, scheint mir. Unüberlegterweise versteht man Freiheit als frei „von". Klingt gut. Verspricht alles. Frei von Sorgen. Von allem, was uns ängstigt, zwingt, schlecht aussehen lässt. Frei von überholten Verpflichtungen. Von allem was war.

Bedenklich, dass sich damit unsere Werteordnung verabschiedet hat. Wenn schon frei, denkt man, dann von allem, was früher galt. Als hätte man schon Neues. Legt ad acta, was Familie, kulturelle und zivilisatorische Errungenschaften in Jahrhunderten geschaffen haben. Jugendliches Motto: Werft alles über Bord und ihr seid frei. Mampft mit aufgestützten Armen am festlich gedeckten Geburtstagstisch. Bleibt in der Tram sitzen, wenn ein alter Mensch hereinkommt. Verzichtet auf nichts, was Spaß macht. Irgendwie erreiche ich schon mein Ziel. Es denkt falsch, wer so kurz denkt. Freiheit „von" statt Freiheit „für".

Beispiele zeigen, dass es auch anders geht. Die neuen Techniken haben noch viel unausgeschöpftes Potential. Kreative sind gefordert. Es zu nutzen und damit sich selbst voran zu bringen. Ein Schweizer Startup erfand „Codecheck". Ein Software-Programm, das schädliche Inhaltsstoffe von Produkten auf dem

Strichcode der Lebensmittel-Packung entdeckt. Mit dem Handy fotografiert zeigt es an, was Menschen schadet. Das junge Unternehmen wächst. Großkonzerne registrieren es knurrend, passen sich an.

In Berlin eine leerstehende Brauerei. Anregung für Simon Schäfer, eine Spielwiese für Kreative zu etablieren. „Internet-Campus" nennt er sie. Über 600 Mitarbeiter aus 30 Nationen werden in die Ideen-Factory einziehen. Programme für die Informationstechnik und anderes entwickeln. In stimulierend ausgestatteten Räumen wird gearbeitet. In anderen Yoga trainiert, Musik gehört, gegessen, geschlafen. Wer tagsüber Ideen erträumen will, stellt auf seinen Arbeitstisch eine brennende Kerze. Und alle lassen ihn in Ruhe. Querdenker gesucht. Berlin ist aus dem Dornröschenschlaf erwacht. Könnte gut das deutsche Silicon-Valley werden. Clevere Leute halten Bienenvölker. Auf Dächern und in Innenhöfen imkern sie städtischen Honig. Unglaublich, echten Honig. Berlin boomt.

Abiturient macht ein freiwilliges soziales Jahr. Für ein Taschengeld. Anderen zu helfen. Für sich selbst Zeit zu gewinnen. Nachzudenken, in welchem Beruf er später wirklich gut sein kann.

Atossa, Tochter iranischer Flüchtlinge, eine junge Frau die an das Gute im Menschen glaubt. Da brennt ein Haus ab bis auf den Grund. Siebzehn Flüchtlinge ohne Bleibe. Sie schreibt Emails an alle Bekannten im Ort. Betet in der katholischen Kirche den Rosenkranz, Allah ist überall. Besucht den Pfarrer, den Vorsitzenden des Fußballvereins, den Bürgermeister. Der stellt sofort drei ungenutzte Räume im Rathaus zur Verfügung. Atossa kocht in ihrem kleinen Lädchen original persische Gerichte. Liest den Gästen persische Gedichte vor. Tanzt orientalische Tänze. Immer mehr deutsche Gäste kommen, das Wunder einer fremden Frau zu erleben. Eines Menschen, der nicht in Moden denkt. In ihren wenigen freien Stunden dolmetscht sie am Sozialamt, wenn Flüchtlinge aus dem Iran, aus Afghanistan erklären müssen warum sie gekommen sind.

Das ist Freiheit „für". Wünsche mir diese Denke bei mehr Menschen. Nur wer genau hinsieht, kann sie da und dort erkennen.

Nicht nur Waren werden durch Werbung und ständig wechselnde Lockmittel schmackhaft gemacht. Sodass wir uns dem alles versprechenden Angebot kaum entziehen können. Dem Drängen der Anbieter mit billigen Schnäppchen allzu gerne nachgeben.

Auch moralisches Verhalten ist keine Regel mehr. Leider. Respekt vor dem anderen könnte eine gute Übung sein, sich selbst zu achten. Scham ein Schutz für alle, die nicht den Körper einer Venus, eines

Adonis haben. Solange jedenfalls wie das aktuelle Schönheitsideal Leitbild für zu viele ist, die ihm gleichen möchten. Früher hielten moralische Prinzipien die Gesellschaft zusammen. Wenn auch oft nur dem Schein nach. Alle hatten sich angepasst. Gottseidank hat sich das geändert.

Leider auch ins Gegenteil verkehrt. Heute pocht jeder auf seine Freiheit. Prinzipiell gut und richtig. Ist es aber die Freiheit, tun und lassen können, reden, her zeigen, was einem gerade so einfällt, in den Kram passt? Denkt doch mal nach.

Hättest du Mädchen wegen Fehlfunktion deiner Schilddrüse einen aufgedunsen Körper, würdest du ihn zeigen? Seine Körperteile, Busen oder Po anderen vorführen macht nackter als nackt. Gefährdet das Selbstbewusstsein. Du fühlst dich verraten. Ausnahme du wirst geliebt. Wegen anderer Qualitäten.

Angenommen, dein Aussehen ist attraktiver als dein Abschlusszeugnis. Würdest du dich als Frau mit weitem Dekolleté bewerben? Weil du erfahren hast, die Entscheider sind Männer. Es dauert keine Sekunde und du bist entlarvt. Männer mögen nackte Haut nicht überall. Du bist blamiert bis auf die Knochen.

Früher sah man nackte Frauen und Männer in Cabarets und auf Gemälden. Ging in Museen, um Gustav Courbets „Geburt der Welt" zu studieren.

Nackte Liegende mit leicht geöffneter Vagina. Die fülligen Damen Peter Paul Rubens sowieso. Heute sind alle Hüllen gefallen. Bis auf einen kleinen Rest stofflichen Anstands. Anzeigen, Plakate scheinen nur aus Haut zu bestehen. Überwiegend Frauen.

Gilt nicht die Gleichberechtigung? Sind nicht schöne nackte Männer auch attraktiv? Michelangelos David könnte ich mir gut aus Fleisch und Blut vorstellen. Statt aus kaltem Marmor. Hätte ich keine Skrupel. Das bronzene Manneken Pis in Brüssel wäre nichts dagegen.

Es ist Mode, nackte Haut zu zeigen. In Videos und Filmen überall zu kaufen. Nackt wäre nicht schlimm. Es kann Kunst sein. Wenn es sich nicht so aufdrängte. Nicht kopulierte oder so tut als ob. Mit Busen und Hinterteilen Männer aufgeilen. Um den Verstand bringen. Frauen animieren, gleiches zu tun. Glauben lassen, sie machen sich dadurch beliebt. Alles ist erlaubt. Alles ist öffentlich. Man redet von Transparenz und tötet die Scham, den Respekt. Die Freiheit anders zu sein.

Der Begriff Freiheit hat einen schlechten Beigeschmack bekommen. Armut im Geiste greift um sich. Moralisches Verhalten wandelte sich in Egoismus. Nur an der Lust orientiert. Als wären wir Tiere. Die Konsequenzen werden uns allen schaden. Der Gesellschaft als Ganzes. Jedem Einzelnen.

ZWISCHEN-BEMERKUNG.

Ich schrieb dieses Buch auch, weil ich sicher bin, in jedem schläft ein besseres Ich. Rettungsring gewissermaßen. Eines, das erspürt, wenn etwas schief läuft. Nicht passt. Schadet. Kränkt. Weckt es auf, damit ihr die bleibt, die ihr seid. Nicht von jeder Mode angekränkelt. Über alle Modeströmungen hinweg souverän euch selbst bewahrt. Für ein Leben, das ihr euch wünscht. Fangen wir nochmal von vorne an.

WAS IST MODE?

Das Wort Mode kommt aus dem Lateinischen „modus". Bedeutet Brauch, Sitte. Aber auch Tageszeit, Geschmack, Zeitgemäßes. Je nach Umständen, in denen es verwendet wird. Die verschiedenen Bedeutungen zeigen bereits, dass unter dem Begriff Mode vieles möglich ist. Und alles verstanden werden kann, was sich ändert. Sachen und Menschen.

Mode ist ein faszinierendes Wort. Imstande, Menschen zu Nicht-Menschen zu machen. Indem sie Dinge tun, die sie bei nüchterner Betrachtung nie getan hätten.

Nur im Italienischen bedeutet La Moda das, was es historisch ist. Mit mehr oder weniger Stoff, Schminke und Zutaten die eigene Person schöner erscheinen lassen als sie nach eigener Einschätzung ist. Vornehmlich beim weiblichen Geschlecht. Immer mehr aber auch bei Männern jeden Alters. Kein Wunder, dass La Moda Italiana auch bei uns beliebt ist. Bei Leuten, die sie sich leisten können.

Die anderen gehen zu H&M. Für wenig Geld das aktuelle T-Shirt, Kleid, Hose oder Pulli zu kaufen. In dem das Etikett eines Billig-Herstellers beruhigt. „Made in Italy". Fragen nach der Qualität werden nicht gestellt. Hauptsache modisch.

Grundsätzlich sollte niemand gegen die wechselnde Mode zu Felde ziehen und wettern, auf ewige Werte pochen. Auf frühere Zeiten verweisen. Bescheidenheit und Verzicht predigen. Die das tun wissen oder wollen nicht wissen, dass Frisur, Kleidung und Schminke immer ein Thema waren. Seit Adam und Eva aus dem Paradies vertrieben wurden.

Nackt sein offenbart Mängel des Körpers. Mit Farbe und Stoff leicht auszugleichen. Und einem der jeweiligen Zeit verhafteten Ideal anzunähern. Bilder aus dem alten Ägypten zeigen nicht nur Königinnen in schönen Kleidern. Alle Ägypter legten schon vor 5000 Jahren größten Wert darauf, gut zu duften und gut auszusehen. Frauen und Männer. Schminkten sich. Betonten Augen und Brauen. Verrührten pulverisierte Kohle, Blei, Eisen, Mangan und Kupfer mit Öl oder tierischem Fett zu einem Brei. Zogen damit dunkle Striche bis zu den Schläfen. Holzstäbchen oder Fischgräte das einfache Werkzeug.

Nicht uninteressant ist, diese Mixtur schützte vor Augenkrankheiten. Das heiße, feuchte Wüstenklima machte Ägypter erfinderisch. Heute beherrscht Chemie das Feld. Keine positiven Nebenwirkungen bekannt.

Mode in Zeitschriften und Schaufenstern ist die eine Seite der Medaille. Mode in Verhalten, Weltanschauung oder Moral die andere. Lassen Sie mich grundsätzlich werden:

Alles, was „in" ist, aktuell, kann man Mode nennen. Kurz wie ein Tag. Eine Woche, ein Monat. Längstens ein halbes Jahr.

KLEIDER-MODE.

Kleidermode beherrscht die Straßen, die Tram, den Bus, den Schulhof. Alle tragen das Gleiche. So sieht es aus. Rasch wechselnd wie Hin und Herverkehr an der Ampel. Im drängenden Rhythmus ebenso rasch wechselnder Angebote. „Sale!" „Sale!" Vergänglich wie eine Sommerblume.

Dominiert in kurzen Perioden das Bewusstsein der Menschen. Jungen und Alten. Erfasst alle Generationen und Geschlechter. Straße, Piazza, Café, Familie, Klub, Klasse, Verein ihre Bühne. Erwecken den Eindruck von Harmonie. Unisono, will man es freundlich beschreiben. Alle Menschen sind gleich, der unausgesprochene Nenner. Einheitsbrei klagen Individualisten und rümpfen die Nase.

Individualität geht verloren, wenn alle das gleiche Logo auf ihren T-Shirts präsentieren. Werbung, die Hersteller nichts kostet. Müssten eigentlich dafür bezahlen. Wer klagt es ein?

Wie jedermann suchen besonders Heranwachsende Gemeinschaft mit anderen. Herauszufinden, ob sie genauso up-to-date sind wie die anderen. Geliebt werden. Anerkannt als gleichberechtigtes Mitglied ihrer Gruppe. Nicht zuletzt der Gesellschaft in der sie leben. Verstanden auch wenn sie Falsches, Unpassendes gesagt, getan haben.

Die sich ungeliebt, unverstanden fühlen, suchen sich zu trösten. Schokolade, Hamburger, Eis mit viel Sahne, Zigaretten, Alkohol. Klamotten. Ein Motorrad. Sie betäuben nur ihr besseres Ich. Die Wahrheit ist grausam, spüren sie. Und meinen die feindliche Welt um sie herum. Wissen nicht, dass es zwei Wahrheiten gibt. Eine, die sie bei anderen vermuten. Eine zweite, die ihre ist. Jeder Mensch hat seine Wahrheit. Wer sie findet, ist einen Schritt weiter. Der Mode voraus. Gewissermaßen. „Gnotis autón" sagten die alten Griechen: erkenne dich selbst.

Es hilft nicht, wenn ein Mädchen die neuen Schuhe der Freundin auch haben will. Ah, geil der aufgepappte Totenkopf. Plastisch Weiß auf Schwarz. Noch hat sie niemand in meiner Klasse. Geil. Achtung aufgepasst: Solche ausgeflippten Modelle kann nur eine tragen, die mit Tod und Teufel tanzt. Die mit einem Rest von Angst vor Tod und Teufel in ihren Herzen sollten sich bremsen. Kleidung und Schuhwerk müssen zu einem passen. Nicht nur formal zu Figur und Gesicht. Auch zu Charakter, Lebensweise und Schönheitsempfinden. Jeder wird es merken und akzeptieren. Oder ablehnen.

Rette sich wer will.

Frage jede, jeder sich selbst zuerst. Passt es zu mir? Der Rock, die Bluse, die Hotpants? Die Hose?

Das Hemd? Die Windjacke? Machen sie mich glücklich? Ehrlich! Es hilft, vor dem Spiegel ein wenig länger zu verweilen. Wenn auch die Lust fast nicht zu bremsen ist, sich anderen in der mit kleinen Blümchen bestreuten Strumpfhose zu zeigen. Nachdenken. Versuchen, sich objektiv zu sehen. Freunde und Familie außer Betracht zu lassen. Die eigene Eitelkeit. Nicht leicht. Für eine Minute aber möglich.

Eine einzige Minute genügt. Um sich zu fragen: Drückt das T-shirt nicht den zu groß geratenen Busen zu sehr aus der Form? Anstatt ihn mit einer Nummer größer lässig zu umhüllen. Ahnen lassen nicht zeigen. Ist der Rock, nicht eine Spur zu kurz? Über kurzen Beinen mit dicken Waden keine ansehnliche Proportion. In die enge Jeanshose gezwängt voluminöser Popo oder Wampe ist auch nicht das Gelbe vom Ei. Gewiss, dabei sein ist alles. Und keiner sagt was.

Eltern lieben ihre Kinder wie Eltern Kinder lieben. Nehmen sie so wie sie sind. Haben andere Sorgen. Sagen nichts. Oder viel zu selten, nur nebenbei. Kollegen und Freunde tolerieren auch von Natur aus benachteiligte Menschenkinder in ihrer Mitte. Übersehen das Ungleichgewicht im Äußeren und gehen zur Tagesordnung über. Alle haben irgendwelche Macken, geht ihnen vielleicht noch durch den Kopf. Aber akzeptieren sie den Menschen wirklich? Trotz seiner figürlichen Andersartigkeit? Ist es ihr Anliegen, ihn glücklich zu sehen?

Die so geduldeten sind verunsichert. Im tiefsten Innern nagt der Zweifel. Bin ich wie sie? Mögen sie mich wirklich? Hätte ich doch solche Hose, eine solche Figur. Sie sollten sich darüber freuen. Der Zweifel ist ihr besseres Ich. Die wertvolle Seite eines Individuums. Die nicht nur den äußeren Schein im Blick hat. Sondern den Menschen, der man ist.

Reste von Erziehung, Religionsunterricht im Hinterkopf. Einer, der schön sein möchte. Geliebt und anerkannt. So wie er ist. Nicht wie er erscheint. Mit etwas Geduld fände er sicher etwas, das ihm entspricht. Seiner Figur, seinem Charakter. Seinem Geschmack. Auch bei H&M. Oder im Kaufhof. Wünsche zu erfüllen, den neuen Trend mitzumachen. Echte Freunde würden sich freuen.

Ein Ladengeschäft sollte es auch sein. Mit Spiegeln, die nicht nur die Vorderseite sehen lassen. Online-Käufe enttäuschen fast immer. Weil sich niemand vorstellen kann, was er nicht im Spiegel an sich selber sieht.

Verstehen wollen, was alles Mode, also „in" ist heute, erfordert Nachdenken. Kein tief schürfendes Grübeln. Bewusst machen reicht. Nicht nur Kleider und Frisuren sind der Mode unterworfen. Alles ist

Mode, was rasch wechselt. Als Folge technischen Fortschritts. Produktionsdruck bei den Herstellern. Konkurrenz. Schnell verschlissen wegen schlechter Qualität. Oder jetzt lange genug getragen. Mode ist, was alle denken, sagen, anziehen oder tun. Alles ist allgemeine Meinung. Meinung ein Zwang die Individualität aufzugeben.

Wer will das wirklich?

KÖRPER-MODE.

Die Zeiten, in denen junge Mädchen schlank sein wollten wie Twiggy sind lange vorbei. „Dünn wie eine Bohnenstange" lästerten geile Burschen. Und dachten sich das Fehlende dazu. Aber immer noch sieht man auf Laufstegen und in Modezeitschriften vorwiegend schlanke Models. Ein bisschen fraulicher proportioniert als Twiggy und ihre Anhängerinnen damals. Dicke Hinterteile sieht man nur auf der Straße, wenn sie vor einem hin und her schwappen. Ach, könnten ihre Besitzer sich selber sehen…

Nach der Mode Lippen mit Botox zum Kussmund aufzublasen folgen jetzt barocke Hinterbacken. Letzter Schrei im Körperkult. Nicht zu fassen. Das Jahrzehnte gültige Schönheitsideal auf den Kopf gestellt.

Gut Informierte denken an Saartjie Baartmann, die schwarze Hottentotten-Venus. Im 19ten Jahrhundert aus Südafrika nach London verschleppt. Im Wanderzirkus als Attraktion vorgeführt. Wie alle Stammesgenossinnen war sie mit einem riesigen Gesäß gesegnet. Einem Fettsteiß, der weit über den Hinterkopf hinaus S-förmig nach oben ragte. Und schwarze Männer zur Begattung hinriss.

Bedauern wir an dieser Stelle alle die Frauen, die mit einem fetten Steiß nicht gesegnet sondern geschlagen sind. Gründe dafür gibt es viele. Bei uns hält man schlanke Typen mit kleinem knackigen Po für sexy. Im Gegensatz zu fast allen Kulturen in der Welt, die üppige Frauen begehrenswert finden. Werden sich unsere Vorstellungen ändern? Aus der Fassung geratene Proportionen jetzt „In" sein?

Pop-Ikone Beyoncé und ihre Tänzerinnen zeigen ausgeprägte Hinterteile. Po ist Takt, ist Musik. Stimme Beiwerk. Männer flippen aus. Und Frauen? Sie schreien. Haben nach bisherigen Vorstellungen Benachteiligte jetzt bessere Chancen? Weil sie der neuen Mode entsprechen? Mit ihrem dicken Hinterteil? Keine Chancen. Es geht nicht um Größe allein. Durchtrainierte epische Hinterteile sind es, die uns in den letzten Jahren aus den Medien anspringen. Mit zunehmender Aggressivität.

Ein Musikvideo ohne blankes Hinterteil ist kein Musikvideo mehr. Überall wird in wechselnden a-tergo – von hinten – Stellungen zum Takt des Höhepunkts Kopulation simuliert. „Jenifer Lopez, ihre weißen Ausgaben Iggy Azalea, Nicky Minaj umkreisen mit ihren Arschgranaten die Kamera. Das blieb nicht ohne Folgen. Tabus werden aufgebrochen". Schreibt die Neue Züricher Zeitung.

Bisher wird Rundlichkeit bei Frauen mit Trägheit assoziiert. Schlankheit dagegen mit Erfolg und Leistungswillen. Anales ist plötzlich Mode. Und die Moral im Eimer. Wer nicht mühsam seinen Po in die neue Facon trainieren will, lässt spritzen. Eigenes Fett abzusaugen, die gesündere Methode, ist sehr teuer. Implantate verrutschen. Silicone lebensgefährlich, wenn sie in die Blutbahn geraten.

Trotzdem boomt diese Methode in den USA. Amerikanerinnen wollen einen dicken Hintern. Als lebten sie im tiefsten Afrika. Wollten einen Haufen Kinder. Sex statt Beefsteak mit grünen Bohnen. Nur eine Modelaune? Die neue Po-Mode in ersten Ansätzen auch bei uns nachgewiesen. Wer macht mit?

Rette sich wer kann.

Auch hier ist der Zweifel hilfreich. Das bessere Ich. Die innere Stimme, die sagt, nein bitte nicht. Bin schön. Geliebt und anerkannt. So wie ich bin. Was soll der Quatsch. Mein Hintern gehört mir. Keinem anderen. Probiers mal so.

TATTOO-MODE.

Immer häufiger sieht man an Armen, Beinen, Brüsten, Rücken, Wangen, Stirnen Tattoos. Unübersehbare „Aufbesserungen" körperlicher Unzulänglichkeit? Oder subjektives Schönheitsideal? Protest gegen den bürgerlichen Verhaltenskodex? Wer Tattoos hässlich findet, sagt laut es sei wider die Natur. Denkt, pfui wie hässlich. Die Eigner geätzter Haut selbst finden es toll. Selbst junge Frauen und alte Männer zeigen ihre blauschwarz oder bunt geätzte Haut ohne Hemmungen her. Sommerzeit lässt tiefer blicken. Nach einer längeren Phase des Piercing breitet sich die Mode aus, Haut zu bebildern.

In Freiburg gründete der Besitzer einer Werkstatt einen Tattoo-Circle. Warum, fragt man sich. Möglich, sie brauchen Kumpanei. Mit ihresgleichen Selbstschutz zu praktizieren. Gegenüber der mächtigen Konkurrenz ungeätzter Zeitgenossen. Originalität ist gefragt. Man sieht verschlungene Ornamente, Jugendstilähnlich. Ritterrüstungen. Salamander, Tod und Teufel. Totenköpfe. Geflügelte Wesen. Zweidimensional. Dreidimensional. Ihre Sicht persönlicher Freiheit.

Unter dem Aspekt der Toleranz bemühen wir uns zu akzeptieren, auf welche Art und Weise andere sich verschönern. Oder als originelle Zeitgenossen präsentieren. Als eine eigene Klasse Mensch. Letzteres trifft sogar zu. Aber nicht alle Tattooierten wollen es lebenslang behalten wie eine Weltanschauung. Geätztes wieder rückgängig machen ist nur gegen teures Geld möglich. Spuren bleiben. Deshalb kleben zahlreiche Mitläufer dieser Mode Tattoomotive wie Abziehbildchen auf die Haut. Schnell drauf, schnell wieder runter.

SEX-MODE.

Sex ein Wort, das schon kleine Kinder nachplappern, wenn sie es von Papa oder Mama hören. Hört sich schon komisch an. Großmütter und Tanten vermeiden es tunlichst, um nicht sagen zu müssen, was nicht zu anders zu sagen ist. Klein und Alt erregt es nicht. Aber denen dazwischen, so etwa von Zwölf und Fünfzig, geht ihre Fantasie durch. Sie wollen oder haben schon viel gesehen. Nicht wenige von ihnen auch erlebt. Sex wirkt wie eine Droge. Verführt, damit Mann Frau verführt oder umgekehrt. Einer verführt immer den anderen. So verhindert Sex, dass die Bewohner dieser Erde aussterben. Vorausgesetzt ein Samenkorn gelangt in die Eizelle. Die Aussichten scheinen zu schwinden.

Was in früheren Zeiten der Fleisches Lust und dem Zufall überlassen war ist heute richtiggehend organisiert. Man enthält sich nicht. Man verhütet. Plant Zeitpunkt und Anzahl der Kinder. Zufalls- oder Unglückskinder haben es schwer wie ihre Mütter. Die ja nur geliebt werden wollten. Man schaut mit einer Mischung von Bewunderung und Mitleid auf sie herab, als könnte es einem selbst nicht passieren. Auf die Idee, ein vaterloses Kind zu hüten, wenn die Mutter arbeitet, kommt kaum einer oder eine.

Sex, wie er in Filmen, sogar im klassischen Theater zu erleben ist, bestimmt unsere Anschauung der Welt von heute. Fotos auf Plakaten, in Anzeigen, Broschüren, Videos nichts anderes als Vorbereitung, Vorspiel zum Höhepunkt.

Meist ist es Haut, viel nackte Haut. Frau und Mann umarmen sich in slowmotion. Damit Zuschauer alles verfolgen können. Leidenschaft treibt sie weiter. Reißen sich gegenseitig die Klamotten vom Leib. Sagen meistens kein Wort. Stöhnen, stoßen kleine Schreie aus und jeder weiß, jetzt passiert's. Soweit die bekannten Tatsachen.

Weniger bekannt ist dass Sex zur Tagesordnung vieler, vieler Menschen gehört. Sex im landläufigen Sinne. Von Liebe ist nicht die Rede. Wir sehen nackte Haut auf den Zigarettenplakaten. Bei denen man sich fragt, muss man halbnackt sein, um Zigaretten rauchen zu können? Nicht anders bei Automobilen, Puddingpulver oder Obi-Gartenhäusern und Rasenmähern. Es ist unsere Zeit, die alles erlaubt, was nicht verboten ist. Sex via nackte Haut ist immer dabei.

In Gestalt retuschierter Frauenkörper, muskelgestählter Männer. Medienweit propagiertes Ideal einer Schönheitsindustrie, die ausnutzen wonach sich alle sehnen. „Die Modebranche fotoshopt die Realität weg. Kreiert Körperformen, die es gar nicht geben kann" schreibt Nicole Althaus in der NZZ am Sonntag. Frauen steigen täglich auf die Waage, kaufen Schlankmacher, hungern. Männer zweimal wöchentlich im Fitnessstudio, ihren Body zu trainieren. Niemand weiß mehr, wie normale Menschen aussehen. Wissen nur, wie sie selber aussehen möchten. Zeigen Haut. Folge: Alles ist erotisch aufgeladen.

Es soll Leute geben, die sich nicht verführen lassen. Über Ablenkung durch nackte Weiber vom eigentlichen Gegenstand räsonieren. Von früheren Zeiten erzählen, als alles noch moralisch einwandfrei war. Jeder weiß, diese Leute irren. Nackt war immer ein Thema. Trotzdem sollten wir über uns nachdenken. Dem Sex einen Stellenwert geben, der ihn mit dem Wort Liebe drei Stufen höher ansiedelt. Uns Freiheit lässt, die Menschheit zu retten oder nicht.

DENK-MODE.

Viel gefährlicher als alles bisher Beklagte ist es, wenn alle Gehirne auf gleich programmiert sind. Das gleiche denken. Was schön ist oder gefährlich bei allen dieselbe Meinung. Naziparolen noch in unguter Erinnerung. Bei der Kleidermode spielen Emotionen die Hauptrolle. Nicht anders bei Atomkraftwerken, Klimaerwärmung, politischen Programmen. Die Positionen zu allen Themen bei CDU, SPD, GRÜNEN, AFD sind disparat. Was sollen wir denken? Wem sollen wir glauben. Der Wissenschaft? Auf die sich die Parteien stützen? Den Parteien, die es in ihrem Sinne modifizieren. Gesunder Menschenverstand scheint sich zu verabschieden.

Eine Massenbewegung pro Solartechnik entsteht. Alle denken, dass sie jetzt das Klima retten. Bei großzügigen Subventionen und dem Trommelfeuer von Politik aller Couleur und Journalistik kein Wunder. Masse denkt an Hier und Heute. Ist es nützlich oder schädlich für mich? Was habe ich davon? Solar auf dem Dach braucht weniger Strom aus dem Netz, spart längerfristig Geld.

Dass andere Wissenschaftler Gegenteiliges beweisen, wissen sie nicht. Weil es nicht publiziert wird. Von der Politik auf Polareis gelegt. Einzufrieren für Jahrmillionen. Am liebsten.

Das Kyoto-Protokoll über CO2 ist der einzige gemeinsame Nenner, auf dem sich fast alle Staaten geeinigt haben. In Paris und Casablanca erneuert. Die scheinbare Gemeinsamkeit will niemand aufs Spiel setzen. Weder Kanzlerin noch Umweltminister. Die Wahrheit über die Klimaveränderung bleibt im Eiskeller.

Nicht der Mensch mit seinem verschwenderischen Konsum von Energie, die Sonne ist es, die das Klima erwärmt. Zum wiederholten Mal in der Erdgeschichte. Zuletzt 1982 mit einer Dürreperiode. Vergessen?

Aber Rudi Carrells Lied in einem trockenen Sommer bestimmt nicht: „Ach wäre es doch wieder Sommer. Ein Sommer wie er früher einmal war." Und alle denken an CO2. Obwohl immer mal wieder die liebe Sonne der Übeltäter ist. 1816 erhitzten Sonnenstürme mit der Gewalt von 66 Milliarden Hiroshimabomben das Klima, vernichteten die Ernten. Ähnlich 1982. Zu lange ließen Politik und Umweltfanatiker uns im Unklaren, das Denken vernebelt. Schuldbewusstsein geweckt. Freiheit im Eimer.

Wir haben ein Recht auf Selbstbestimmung. Zum ersten Mal öffentlich gefordert beim Thema Kinderkriegen. Mütter und Kirchen stritten für oder gegen Verhütung mit der Pille. Fast 50 Jahre her. Pille ist Alltag. Kinder nach Plan. Ein Unglücksfall oder Vergewaltigung mit Folgen.

Arbeit und Karriere beherrschen jetzt Denken und Handeln einer wachsenden Zahl von Frauen. Kinder sind zum ökonomischen Faktor geworden. Immer seltener ein Mensch, der liebevoll erwartet wird, wann immer er kommt. Frauen wollen Geld verdienen, im Beruf Karriere machen wie ihre Männer. Ein Kind praktischerweise erst nachdem das Ziel erreicht ist. Frauen sind dann meist um die vierzig. Neue Medizintechnik ermöglicht sogenanntes „Socialfreezing". Eizellen junger Frauen werden mit minus 169 °Celsius tiefgefroren. Und für die Befruchtung wieder aufgetaut. Wenn ihre private Situation oder Position in der Firma Kinder erlaubt. Ökonomisch Denken ist „In".

Nicht nur bei Karriere-Frauen. Von denen Medien berichten. Von der Mehrheit der Frauen spricht man nicht. Für sie ist es Alltagsökonomie. Sie müssen arbeiten. Dazu verdienen. Oder einfach nur über die Runden kommen. Nicht selten Alleinerziehend. Kitas keine in der Nähe oder unbezahlbar. Ethisch oder weltanschaulich begründete Klagen Einzelner gegen soziale Ungerechtigkeit werden erfolglos sein.

Im Gegensatz dazu ist völlig offen, ob der Suizid gesetzlich erlaubt wird. Recht, ein Leben zu beenden schleicht sich unbemerkt ins Denken der Menschen. Von Sterbehilfe-Organisationen und Verfechtern der Selbstbestimmung angeheizt. Sterbewillige gleichzeitig von Schuld befreit. Die Kirchen bleiben bei ihrem Nein. Berufen sich auf die Bibel. Aber trotz ihrer Predigten gibt es kaum jemanden, der Selbsttötung für eine Straftat hält. Das Leben wird unerträglich gewesen sein, heißt es.

Ohne dass man es merkt, verschwinden traditionelle Werte. Fragwürdige Großzügigkeit beherrscht die gegenwärtige Diskussion. Und mit ihr Menschen, die sich nicht trauen zu denken. Schon gar nicht Konsequenzen daraus zu ziehen.

Notiz am Rande: Facebook und Apple zahlen jeder frisch gebackenen Mutter eine Prämie von 5000 Dollar und vier Monate volles Gehalt. Damit die gute Mitarbeiterin motiviert ist wiederzukommen. Die Geburtenzahlen in den Staaten steigen. Eine Lösung auch für uns in Deutschland?

Denken in anderen Kategorien zahlt sich aus. Könnte man meinen. Und merkt nicht, dass Frauen mit solchen scheinbar sozialen Errungenschaften im Interesse des Unternehmens gelenkt, zur Manipuliermasse werden. Denken in anderen Kategorien heißt darum anders zu denken als bisher. Über Schwangerschaft und Kinderwunsch. Vorstellungen der Frauen kommen dem entgegen.

Studien zeigen, Frauen möchten am liebsten Kinder bekommen, wenn sie jung sind. Körperlich noch voller Saft und Kraft. Jung genug um zu verstehen, wenn der Nachwuchs in die schwierige Phase der Pubertät kommt, die erste Liebe auf der Matte steht.

Frage: Warum denken Frauen nicht andersherum. Zuerst das Kind. Dann die Karriere. Studien zeigen eindeutig, Frauen wie Männer sind in der zweiten Lebenshälfte besser im Beruf. Flexibler. Erfolgreicher. Ja warum nicht andersherum als die allgemeine Denke es vorgibt? Unternehmen werden sich anpassen müssen. Denken ist Glücksache, sagt der Volksmund. Ich meine, denken ist Pflicht. Vor allem in Sachen persönlicher Freiheit.

BEKENNER-MODE.

„Ich bin schwul, und das ist gut so.“ Diesen Ausruf Klaus Wowereits kennt jeder, der fernsieht oder die Bildzeitung liest. Als Berliner hat er die Kodderschnauze, solchen Satz locker hinauszuposaunen. Ist ja auch nicht mehr strafwürdig. Seitdem sind alle Hemmungen gefallen. Sportler, Schauspieler bekennen, dass sie anders sind. Und bekommen dafür in der Öffentlichkeit Lob und Anerkennung.

Die still für sich ihr Anderssein leben, kennt man nicht. Sodass der Verdacht aufsteigt, sich öffentlich als ein Anderer zu bekennen ist lupenreine Public-Relation. Sie nützt meinem Ruf als Regierender Bürgermeister. Ein ehrlicher Typ, sagt man anerkennend. Sagt was er ist, was er denkt. Folgert daraus, er ist auch in anderen Bereichen ehrlich. In Sachen Korruption frei von jedwedem Verdacht. Hans Leyendecker von der „Süddeutschen“ hätte es sonst aufgedeckt. Wowereit ein schlauer Fuchs, sagte es beim Regierungsantritt. Leiendecker & Co die Schau zu stehlen.

Auch Schauspieler vergrößern durch das Bekenntnis zum Schwulsein ihre Bekanntheit. Voraussetzung für neue Rollen im gleichen Genre.

Man hört oder liest von Fußballern und Tennisspielern, die sich zum Schwulsein bekennen. Es hat auch hier den Anschein als hätten sie eine neue Masche entdeckt, ihr Image aufzupolieren. Nachdem Prominente es vorexerzierten und sie keine Nachteile mehr fürchten müssen. Seltsam ist, dass es nur Männer sind, die sich auf diese Weise nach vorne drängen. Ich habe den Eindruck, dass es Männermode geworden ist schwul zu sein.

Warum liest, hört man nicht auch von Frauen, dass sie ihrer Veranlagung folgen? Lesbische Liebe praktizieren. Und das mit einer Selbstverständlichkeit, die Männern völlig abgeht. Man weiß von Thomas Mann, dass er schwul war. Es aber nur sehr dezent, nur für Insider verständlich in seinen Romanen verpackte. Er hätte es nie und nimmer in der Öffentlichkeit geäußert.

Ungezählte Männer und Frauen machen kein Wesen aus ihrem Anderssein. Sie leben es einfach. Wie andere ihre Ehe führen. Als Frau und Frau. Mann und Mann. Ich habe aus persönlicher Erfahrung den Eindruck, solche Menschen sind besonders liebe Menschen. Freundlich, höflich, voller Esprit, kreativ. Wie Ean Grant, ein Geschäftspartner meiner Tochter. Respekt, Respekt. Warum muss man denn alles an die große Glocke hängen?

Das Stichwort Transparenz gibt eine von mehreren Antworten. Dieses Glaubensbekenntnis irdischer Art beherrscht die Öffentlichkeit zurzeit. Auch eine Mode. Alles muss durchsichtig sein. Erkennen lassen, was sich hinter Wänden, Türen, in Schreibtischschubladen verbirgt. Wer sein Geld in eine Steueroase transferiert. Während eine neidische Mehrheit regelmäßig Steuer zahlt. Aber auch Privates wird hinterfragt. Was ist los mit den beiden? In dieser Familie ist auch nicht mehr alles im Lot. Was hat den wohl schwul werden lassen?

Es wird als berechtigtes Anliegen definiert, was pure Neugier ist. Schlimmer, Menschen verachtender Eingriff in die persönliche Freiheit Einzelner. „Bild" vorneweg. Bekenntnisse dieser Art steigern den Absatz des Blattes.

Verständlich ist, dass Steuersünder mit schlechtem Gewissen ihre Schuld bekennen. Wer will denn schon auf frischer Tat ertappt werden? Seine Bücher Finanzkontrolleuren rausrücken müssen. Sie bekommen für ihre 'Ehrlichkeit' eine mindere Strafe. So zahlt es sich aus, zu bekennen. Was immer es auch ist. Private Geheimnisse wird es bald nicht mehr geben. Google und Konsorten verfeinern ihre Strategien, als Dienst am Kunden verschleiert.

Letzte Tabus im Privaten und Religiösen, in Moral und Gewissen zerbröckeln und mit ihnen die Freiheit. Unabhängig zu sein in wichtigen Dingen. Das Privatissimum jedes Einzelnen zu respektieren. Nachdenken ist Pflicht. Und Konsequenzen ziehen.

Es ist nicht viel, das Bekennermut rechtfertigt. Und Belohnt. Bei immer seltener werdenden Exemplaren der Spezies Mensch die an Gott glauben, mit dem Himmel.

ERREICHBARKEITS-MODE.

Seitdem es das Handy gibt, ist der Urlaub kein Urlaub mehr. Jederzeit erreichbar ein jeder. Tag und Nacht. Überall auf der Welt. Als wenn es nicht schon genug wäre, muss es auch immer ein neues Handy sein? Um noch erreichbarer zu sein? Als wenn das möglich wäre.

Hersteller wissen das und erweitern die Software. Machen das praktische kleine Gerät zum Instrument, den Alltag zu regeln. Spaß an Spielen und Bildern inklusive. Und weil Silicon-Valley nicht schläft und Konkurrenten immer wieder Neues auf den Markt werfen, wird weiter entwickelt. Dinge, die bei genauer Betrachtung die meisten Menschen nicht nötig haben.

Fragen Sie sich: Helfen neue Tricks und Raffinessen der Erfinder wirklich das Arbeiten noch ein bisschen leichter zu machen? Leichter als es schon ist. Verglichen mit früheren Methoden. Oder ist es nur ein Spaß? Ehrgeiz mitzuhalten? An der Spitze zu sein? Ohne es de facto zu sein.

Zugegeben, viele müssen stets erreichbar sein. Weil Verantwortung für Familie oder Firma auf ihren Schultern ruht. Den Kopf beansprucht, sie vernünftig zu realisieren. Das Ohr, um per Handy alles richtig zu verstehen. Sofort zu reagieren. Handy hilft solchen Leuten. Weil sie schnell Entscheidungen treffen können.

Andere wollen immer erreichbar sein. Telefonieren und hören nicht auf. Damit Freunde oder zufällige Mithörer den Eindruck von ihnen gewinnen, ein wichtiger Mann. Frauen nicht anders als Männer. Unterschied: Frauen wissen, dass sie quatschen. Männer bilden sich ein, dass es ihnen ernst ist, bei allem was sie von sich geben. Je lauter desto ernster.

Technik machte es schon lange möglich, mit einem Handy zu fotografieren. Nicht gut genug für Anspruchsvolle. Aber perfekt für eine rasant wachsende Gemeinde, die sich selbst fotografiert. „Selfies" in aller Köpfe. Auf Facebook überschlagen sich die Bilder Grimassen schneidender Gesichter. Lebensechte Schnappschüsse? Denkste. Vielleicht aber doch. Jugend von heute scheint ein falsches Bild von sich selbst zu haben. Irre ich mich? Eines aber stimmt:

Ein Handy ist nicht alles. Kann es gar nicht sein. Für den, der nachdenkt. Der persönliche Kontakt ist wichtiger. Nach wie vor. Aug in Aug geführte Gespräche gehen tiefer, wecken Anteilnahme, Lust mitzuarbeiten. In der Haustür seine Frau anrufen, mag ja witzig sein. Schöner wäre es, sie mit einer Rose zu überraschen.

Probieren Sie doch mal einen Tag ohne das verflixte Ding. Gleich wo es ist, zu welcher Tageszeit. Sie ahnen nicht, wieviel kreatives Potential in ihrem Kopf frei wird. Von telefonfreien Urlaubstagen mit Ihrer Familie ganz zu schweigen.

Handys, iPads und Smartphones haben die verflixte Eigenschaft süchtig zu machen. Verführen einen dazu die meiste Zeit des Tages auf ihnen herumzuspielen. Quatschen stundenlang, als hätte man nichts Gescheiteres zu tun. Es begann mit einem mobilen Telefon von Mannesmann. Schwarzes Brikett fast ein Pfund schwer. In der Aktentasche von Managern und Möchtegern. Mit Ausziehantenne, Funklöcher inklusive.

Heute sind sie federleicht, kleiner Zauberstab in der Hand. Daher Handy. Funktioniert weltweit. Von einigen Hochgebirgstälern abgesehen. Kann fast alles. Sprechen, hören, schreiben, Musik machen, fotografieren, filmen, wecken. Neuerdings auch ins Internet und bezahlen. Zauberstab der eher ein Fixierstab ist. Jeder ist fixiert, will ihn haben. Volksmund sagt: Gelegenheit macht Diebe. Nachdenken empfohlen.

Wer sich einen Moment der Ruhe abringt, vernimmt die innere Stimme. Sie ist der Rettungsring im hektischen Alltag mit seinem unübersehbaren Angebot an Handy-Varianten. Und tausend anderen Sachen.

Wichtigen, weniger wichtigen, unwichtigen. Fragen Sie sich, was Sie wirklich brauchen. Oder ob es vielleicht auch anders geht. Ohne Technik und ständiger Verfolgung aller Daten. Es dauert nur wenige Sekunden. Geben Sie ihr Geld für anderes aus. Wenn Sie es sich wirklich leisten können. Und Sie sind frei.

Frei auch sich ein Handy-Modell zu zulegen, das alles hat. Trainieren Sie das Ausschalten. Ab und zu wenigstens. Und Sie gewinnen Ihre Freiheit zurück. Freiheit über Vernünftiges nachzudenken. Völlig Nutzloses zu tun.

FERIEN-MODE.

Fragen Sie sich auch kritisch, wo Sie Ihre nächste Reise buchen sollen. Es sei Ihnen gegönnt, auf den Malediven Erholung mit südlicher Lebensfreude zu verbinden. Fernöstliche Träume zu genießen. Aber müssen Sie immer dahin, wo es die Mode diktiert. Andere hinzieht? Das Reisebüro ein verlockendes Angebot präsentiert. Mit Preisen à la mode. Sie sind doch kein Herdentier. Oder?

Nur da gewesen zu sein, um mitreden zu können ist doch nicht alles. Erst recht nicht, wenn Sie nicht antrafen, was Sie erwarteten, das Essen eine Katastrophe war. Eine Alternative könnte viel schöner sein. Nicht nur für Leute mit kleinerem Portemonnaie. Nördlich des Äquators Ferien machen. „Warum in die Ferne schweifen, denn das Gute liegt so nah.“ Alte Volksweisheiten sind immer noch aktuell. Keine Mode-Erscheinung.

Vielleicht auf der anderen Seite des Rheins, der Elbe, der Donau. Am Nordseestrand auf Borkum. Zu Füßen des Kreidefelsens auf Rügen an der Ostsee. Die Eifel genießerisch durchwandern. Oder den Teutoburger Wald. Hermanns-Denkmal inklusive. Oder bleiben lassen.

Wem das nicht passt, kann in seinem Garten Rosen schneiden für die Frau. Oder im Sandkasten spie-

len mit den Kindern. Sie glauben nicht, wie glücklich
das macht. Ab und zu wenigstens.

54

KUNST-MODE.

Kunst kann nicht ausgespart werden bei der Betrachtung von Trends und Moden. Jede Epoche brachte neue Sichtweisen, neue Hörweisen hervor. Neue Lesestoffe. Dem Zeitgeschmack entsprechend jeweils. Bilder, Theater, Bücher und Musik sind Spiegelbilder ihrer Zeit. Ständigen Wechsels in der Welt der Menschen und Städte.

Kunstfreunde kennen die 4500 Jahre alte Mumienmaske des jungen Pharaos TutenchAmun. Aus der Renaissance Michelangelos marmornen David. Aus dem Barock Rembrandts Gemälde vom Mann mit dem Goldhelm. Pablo Picassos „Les Desmoiselles d´Avignon" von 1907. Die zwar kubistisch verfremdet sind, aber Menschen erkennen lassen. Mensch war Gegenstand und Inhalt der Kunst in früheren Zeiten. Selbst in Musik, Stillleben, Landschaften und Interieurs spürte, sah man menschliches Empfinden.

Freude am Leben, Sehnsucht, Erfüllung. In Büchern beschrieben, in Theatern aufgeführt, dass wir mit den Akteuren fühlten, ihr Schicksal miterlebten. Heute muss die Kunst erklärt werden. Weil man sonst nicht versteht, was Autor und Regisseur sich dabei dachten. Theaterstücke an der Grenze von Toleranz und Geschmack. Gedichte, je unverständlicher umso schneller auf dem Siegertreppchen in Klagenfurt. Von allen menschlichen Emotionen bleibt nur der Ehrgeiz, das Neueste, Verrückteste zu sehen, lesen oder zu besitzen. Liebe zur Kunst, was ist das?

Heute beherrscht Mode die Szene auch in der Kunst. Ein Trend, alles anders zu machen. Keiner natürlichen Entwicklung zu folgen. Wie der Romantik Symbolismus, Realismus folgten. Der expressionistische Maler Kirchner fordert: „aus dem Leben die Grundlage zum Schaffen nehmen.“ Nicht wie heute nur Kontraste produzieren zu allem was gestern war. Ein Trend, der schon einige Zeit anhält im Gegensatz zur halbjährlich wechselnden Kleidermode. Bilder sind abstrakt. Ohne Bezug zum Leben. Man erkennt nur die Ausflüsse subjektiver Befindlichkeiten. Auf Leinwand, Papier oder Metall gekleckst, geklotzt, gesprüht, geklebt. Man fragt sich, wo ist das Leben, der Mensch? Fragt aber nicht.

Folgt den Interpreten blind. Kunstsachverständigen zumeist. Deren Beruf und Neigung es ist, alles zu erklären. Das was man sieht, was man nicht sieht. Heute muss alles erklärt werden. Man sieht nichts außer Farbe. Strukturen, Pinselstriche vielleicht, Spachtelspuren. Drei gekreuzte Dachlatten, die als Kunst verkauft werden. Selbst Museen verfallen diesem Wahn.

Auf der Biennale in Venedig ausgestellt. Das Kunstmuseum in Basel, Museum Ludwig in Köln erwarben ein schwarzes Brikett, das ein Brot war, bevor es zur Kunst erklärt wurde. Der Bildhauer arbeitete nebenbei als Gehilfe in einer Großbäckerei. Die Backmaschine schaltete nicht ab, Fehler im Relais. Die Brote verbrannten zu schwarzen Briketts. „Ist das Kunst" fragte er seinen Galeristen. „Wenn du es sagst, ist es Kunst" dessen Antwort.

Wohl wissend, dass die Kunstwelt heute auf solche Einfälle quasi Ausfälle wartet. Das Motto lautet: anders sein. Noch nie dagewesen. Für das Brotbrikett zahlten Spinner 3500 Euro. Und stellten es daheim im Plexiglasgehäuse auf die Vitrine. Seht her Leute, ich liiiiiiebe moderne Kunst!

Heute sind Bilder modern, das heißt alles ist denkbar. Völlig unverbindlich. Mensch kommt kaum vor. Wäre für viele Künstler oder Möchtegern ein inhaltliches oder formales Problem. Formen finden und Farben mixen ist leichter. Dem Pinsel freien Lauf lassen problemlos. Originell manchmal. Schön? Na ja.

Man kauft die Werke, hängt sie in die Wohnung, ins Büro, um zu demonstrieren ich gehe mit der Zeit. Vermeidet das Risiko für altmodisch gehalten zu werden. Farbe ist zeitlos. Interpretation Mode.

In eine Oper von Paul Hindemith geht man noch,

obwohl man Wagners Walküre oder Giuseppe Verdis Othello bevorzugt. Unschlagbare Lieblinge aller Operngänger. Kompositionen von Arnold Schönberg, Luigi Nono oder Alban Berg, Mauricio Kagel ziehen nur Besucher an, die nach Donaueschingen pilgern, die Musiktage für neue Musik zu erleben. Außenseiter für Außenseiter werden nie volkstümlich.

Die Masse schwärmt für Johann Straußens Geschichten aus dem Wienerwald. Bill Ramsey, Heino oder den Rolling Stones. In allen Herzen popt es. Pop ist Mode. So scheint es. Wer Latein lernte weiß, Pop ist keine Modeerscheinung, Pop kürzt popular, gleich populär, ab auf Pop. Immer schon da. Kunst ist Pop. Popmusik ist Volksmusik. Popart Kunst für das Volk. Wie Bücher der Popliteratur. Für alle verständlich. Für alle gern gesuchter Anlass sentimental zu werden. Beim Betrachten, Hören und Lesen, Miterleben in Theater, Musical, Kabarett. Moralisch ohne Anspruch.

Sender, Veranstalter und Verlage wollen kein Risiko eingehen. Spiele für das Volk. Wenn sie schon nicht für Brot sorgen können. Lateiner erinnern sich an das Zitat aus der Satire des römischen Dichters Juvenal: „Panem et circenses." Das Volk zu beruhigen braucht es nur Brot und Spiele. Ein satter Bauch, ein abgelenktes Gemüt machen keine Revolution.

Bei Büchern nicht viel anders. In der Straßenbahn sieht man dicke Schmöker in den Händen kleiner Mädchen. Früh gewöhnt ist lebenslang gelesen. Herz- und Schmerzgeschichten gewinnen. Draculas Nachfolger dito. Risiken mit anspruchsvollen Themen nehmen nur wenige Verleger in Kauf.

Wer alles richtig machen will, macht alles falsch. Künstler und die sie vermarkten. Warum? Weil sie das Risiko ausschalten wollen. Risiken gehören zum Leben. Zwingen neu zu sehen. Die Welt und sich selbst. Wie gute Kunst. Wer ist schon fehlerfrei und allmächtig zu entscheiden was Kunst ist? Kunsthistoriker, Kritiker, Buchrezensenten nach eigener Einschätzung vielleicht. Kein Wunder, dass so viel Kunst keine ist. Kunst die so tut als ob, sowieso. Flüchtig wie Auspuffdampf in frostiger Winterluft. Mal sehen, wie lange dieser Dampf uns noch die Sinne vernebelt. Kunst-Mode uns den Geschmack verdirbt.

Schätzchen unbekannter Künstler könnten wahre Offenbarungen sein. Mensch mit allem, was er ist und kann, wieder im Zentrum. An Orten, wo die Freiheit Blüten treibt. In aller Stille. Jenseits aller Moden. Ganz selten entdecke ich etwas, das so aussieht. Ob es ist was ich suche?

ESS-UND TRINK-MODE.

Bio ist „In“. In jedem Supermarkt die Alternative für natürlich angebaute und sorgsam zubereitete Produkte. Bio ist das Siegel für Geschmack der Natur. Garantiert. Gesetzliche Vorschriften werden regelmäßig kontrolliert. Bei Herstellern, in Ladenregalen und Kühlräumen. Kein Verbraucher kann es überprüfen. Allenfalls schmecken, wenn er geübt ist. Aber wer von uns ist schon ein Marc Haeberlin? Für Unwissende: Der kochende Sohn des berühmten Sternekochs Paul Haeberlin in Illhaeusern, Elsass.

Alle verlassen sich auf „Bio“ wie auf ein Siegel. Geprüft und abgestempelt. Fehlt nur die Unterschrift des Prüfers. Ist auch nicht möglich, weil der Prüfer eine bürokratische Einrichtung ist. Mit ungezählten Beamten, deren Ziel es ist, möglichst unbelästigt ihre Pension zu erreichen. Wollte man ihre Unterschriften auf die Packung drucken, müsste sie dreimal so groß sein. Oder so klein gedruckt, dass kein Verbraucher-Anwalt sie identifizieren kann. Foodwatch und andere stellten schon lange fest, mit oder ohne Unterschrift: nicht immer ist Bio drin, wo Bio drauf steht. Was nun?

Teurer bezahlen für einen scheinbaren Vorteil? Gucken wir mal. Immer mehr Leute kaufen Bio-Produkte. Massenbewegung entstand. Also muss es richtig und gut sein. Eigenes Nachdenken überflüssig. Schwierig sowieso. Inhaltsangaben sind klein gedruckt, weil alle gesetzlich vorgeschriebenen Daten untergebracht werden müssen. Diesen Minibuchstabensalat kann kein Mensch ohne Lupe lesen. Also lässt man es. Das Wort Öko genügt.

Leider ist die simple Drei-Farben-Kennung von der Politik abgeblockt worden. Grün-Gelb-Rot. Geläufig von der Ampel. Für Jederman, auch Legasteniker sofort erkennbar, was schädlich, mit Vorsicht zu genießen oder absolut unschädlich ist. In England erfolgreich seit Jahren.

Was bei Lebensmitteln das Ökosiegel ist bei Restaurants der Michelin-Stern. Oder zwei oder drei maximal. Je nach Einschätzung der Tester. Das Restaurant der Gebrüder Paul und Pierre Haeberlin in Illhaeusern, Elsass, ein dreigesterntes. Frage aber: Muss es partout das Restaurant Haeberlin sein? Weil es drei Michelin-Sterne auf der Haube hat? Nur weil alle Welt es in den Himmel lobt.

Unmöglich in diesem Tempel der Lust einen Platz zu bekommen. Erscheint man unangemeldet. Eine Art Türsteher checkt die Liste. Bedauert. Vor vierzig Jahren stand die Türe offen. Ein Tisch frei. Für jeden, der Lust auf Paul Haeberlins Spezialitäten-Küche hatte. Sie war bereits so gut wie heute. In manchem sogar besser, ursprünglicher. Das Beste aus Küche und Keller am weiß gedeckten Tisch im kleinen Restaurant damals. Als es eine Hütte war. Kein Palast wie heute. Noch keine Mode, Michelin-Sternen nachzulaufen.

In den Fünfzigern, Sechzigern, Siebzigern, Achtzigern sah auch die Restaurantwelt noch anders aus. Die Küche der Gastarbeiter beherrschte die Szene. Zuerst der Balkan mit seinen Cewapcici. Und alle rannten hin. Urlaubswochen in den Köpfen. Dann die Griechen mit Fetakäse, Oliven und frischem Fisch. Und alle rannten hin aus demselben Grund. Zuletzt die Türken mit ihrem Döner. Rotierend gegrillte Brocken von Lamm, Rind und Geflügel. Und alle rannten hin. Die Dönerbude von Atalya in der Nase. Italiener waren immer schon da. So scheint es. Nicht wenige von ihnen im Sternehimmel. Und alle rennen immer wieder hin, zu Mama Italia.

Bionade auch so ein Reizwort. Das gesunden Trinkgenuss ausstrahlt. Bio simuliert natürliche Stoffe. Verschweigt die Mikroorganismen ohne Geschmack. Durch behördlich erlaubte chemische Ingredienzien dennoch so schmecken wie es aussieht. Von all den anderen Softgetränken will ich nicht reden. Den Massen Tabletten, die Gesundheit versprechen schon gar nicht.

Solche Moden machten und machen mir keine Sorge. Solange ich selber kochen kann und will. Solange es Gaststätten gibt, in denen es mir besser schmeckt als in Gourmettempeln bin ich glücklich. Abgezirkeltes Minimum eines Bresshuhns auf quadratischen Tellern fantasievoll zu dekorieren mag ja Kunst sein. Mama Italias Spaghetti Bolognese mit geriebenem Parmigiano in ausgebauchten tiefen Tellern ist Balsam für die Seele. Garantiert! Selbst gepresster Orangensaft das, was er ist. Buon appetito!

VERHALTENS-MODE.

Es hat sich eingebürgert, dass gutes Benehmen überflüssig ist. Alte Sitten für alte Leute. Alles, was sich
für jünger als sechzig hält, macht Freiheit zu seinem
Lebensprinzip. Wenn man es doch täte. Dann wüsste
man, er denkt. Sieht man die Menschen unterwegs
rennen, scheinen sie nicht zu denken. So außer sich
sind sie. Von der Droge Freiheit getrieben. In den
großen Städten jedenfalls ist es so. Wer zuerst in der
Tram sitzt bleibt sitzen. Fitnessgestählte Schüler,
Frauen und Männer. Gehbehinderte oder alte Leute
haben selten die Chance, dass einer aufsteht.

Wer zuerst kommt mahlt zuerst. Die alte Weisheit
gilt heute im absoluten Sinn. Michail Gorbatschows
These: „Wer zu spät kommt, den bestraft das Leben"
falsch verstanden. Es scheint in den Köpfen ein Freiheitsbegriff etabliert zu sein, der nur subjektive
Freiheit „von" kennt. Frei sein also von allen Sorgen.
Frei von Unterdrückung durch Vorgesetzte oder Regeln, Vorschriften und Traditionen, Parteidoktrinen.
die mich daran hindern, zu tun und zu lassen was ich
will. Gorbi meinte: Chancen ergreifen.

Ich wiederhole mich. Trotzdem sage ich es, weil es
unverzichtbar ist für persönliches Glück: Freiheit
„für" kommt nicht vor. Im Unterricht vielleicht. Als

Theorie. In der Praxis selten. Fußballspielen aus freien Stücken denkt man. In Wahrheit folgen Jungen und Mädchen dem Trend zum Sport, weil es trendig ist Ball zu spielen in der freien Zeit. Den Körper stählen für Fitness und ein langes Leben. Und eines baldigen Tages viel Geld zu verdienen. Wie es variantenreiche Slogans in allen Medien durchblicken lassen.

Sollen sie nicht? Sollen sie doch? Sie sollen. Solange sie mit Können und Leidenschaft den Ball aus fünfzehn Metern ins Tor schießen. Es gibt Trends, die sind tolerabel. Fußball selbst wenn er Mode wäre ist Vergnügen für eine Mehrheit im Lande. Unabhängig von Sommer- und Winterschlussverkauf. Unabhängig von Trainern.

Die nämlich können ausgewechselt werden. Ich könnte es einen Trend nennen, eine Mode, wäre ich bösartig. Mode, die verpflichtet zu siegen um jeden Preis. Verlierer verlieren alles. Es bleibt ihnen die Freiheit, den Beruf zu wechseln. Oder das Land. Die Schweiz ist bekannt für ihren Freiheitsbegriff. Hier hat jeder die Freiheit zu tun, zu lassen, zu sagen was er für richtig hält. Und mit zu entscheiden, ob der Vorschlag einer Partei Gesetz wird oder nicht. Gleich ob er Sieger oder Verlierer ist. Das nenn ich fair.

Freiheit ist ein Trend, eine Mode, so scheint es. Mit ein bisschen mehr an Verstand könnte aus der Mode Überzeugung werden.

Rette sich wer kann: Das tun, was die innere Stimme für richtig hält. Auf Menschen zugehen. Mit ihnen reden. Die Türe öffnen einem, der behindert oder bepackt ist. Dem Sechsjährigen helfen, der sich mit seinem kleinen Schwesterchen durch die Drehtür quält, die Mama im Laden zu finden. Der werdenden Mutter die vollgepackte Tasche tragen. Als Zeichen der Achtung vor werdendem Leben. Den ortsfremden Mann ein Stück weit begleiten bis zur nächsten Haltestelle.

Alles dies war einmal gängige Mode. Mode gleich Sitte. Nicht schlecht, wenn es wieder Sitte würde. Mitmenschlichkeit wäre eingeläutet.

VERDRÄNGUNGS-MODE.

In westlichen Gesellschaften wird der Tod verdrängt. In die hinterste Kammer des Gehirns. Dahin, wo nur der Tod sich selbst erkennt. Letzten Endes. Wir sind Weltmeister im Verdrängen unangenehmer Angelegenheiten. Wenn es nur Angelegenheiten wären, könnte zur Tagesordnung übergehen, der außen vor ist. Die Betroffenen selbst quälen sich ab, zu verdrängen, was ihnen Leid zugefügt hat oder zufügen könnte. Vorausgesetzt sie erkennen es rechtzeitig.

Ich bin betroffen, wenn Menschen am Töten Spaß haben. Hetzjagden verfolgen in Filmen. Jedes Detail verschlingen in Kriminalromanen. Jugendliche in Computerspielen den Gegner töten mit sportlichem Ehrgeiz. Scheinbar gedankenlos, ungerührt. Anderer Menschen Tod ist nicht der eigene. Warum reizt sie das Töten-Spiel? Vielleicht weil das Böse raus will, das in jedem steckt?

Vielleicht verdrängen, was sie tun sollten. Lieb zu anderen sein. Deren Meinung gelten lassen. Vernünftiges tun. Vernunft wird nicht nur von Jugendlichen verdrängt. Leben genießen heißt die Devise. Es macht keinen Spaß, an den Tod zu denken. Ergo verdrängen wir ihn.

Die Wahrscheinlichkeit selber eines gewaltsamen Todes zu sterben ist gering. Der grausame Krieg,

Endzeit-Szenario des Nationalsozialismus jetzt siebzig Jahre vorbei. Die Greuel immer noch Thema in Fernsehen, Zeitungen und Zeitschriften. Warum?

Es darf nicht wieder geschehen, dass Menschen gemordet werden. Einfach ausgemerzt, wie man Ungeziefer ausmerzt. Weil sie die Welt anders sehen als wir. Weil uns ihre Nase nicht passt, ihre Herkunft. Dieser Hitlerwahnsinn hatte zu viele angesteckt, blind gemacht. Mitgefühl scheinbar ausgeschaltet. Sodass wir ausführten, was Führer befahlen. Ständig die Angst im Nacken, Befehlsverweigerung könnte uns selber an den Galgen bringen.

Trotz Verständnis für die Angst frage ich mich, wie konnten hunderttausende Soldaten aushalten, was sie auf Befehl anrichteten. Als sie töteten damals. In ihren Gedanken den Rest ihres Lebens. Bei Fünfundzwanzigjährigen konnte es lange werden. Die Angst von damals hat sie nicht losgelassen, denke ich mir. Sie verdrängten sie. Sagten sich immer wieder, ich habe nur meine Pflicht getan. Sprachen mit niemandem über ihre kriegerische Vergangenheit. Spielten den braven Ehemann, Vater und Justizobersekretär. Und glaubten es selbst. Mitglied im Gesangverein, im Kirchenvorstand. Und schienen glücklich zu sein den Krieg überstanden zu haben. Wirklich?

Kann einer vergessen, frage ich mich, wenn er einem Juden in die vor Angst aufgerissenen Augen gesehen, ihn dann brutal mit dem Gewehrkolben niedergeschlagen hat? Den Trauerzug stumm weinender Frauen und Kinder zur Gaskammer an sich vorbei ziehen lassen? Bevor man Zyclon einströmen ließ? Und wusste, es tötet innert weniger Minuten. Aber diese Minuten. In ihrer Not zu ersticken blieb den Menschen nur zu beten.

Täter waren alle, die gehorsam Befehle ausführten. Ihr Gewissen beruhigten, falls es sich meldete. Nach der Devise: Gehorsam ist des Soldaten höchste Tugend. Der Schriftsteller Heinrich Mann geißelte diese offensichtlich typisch deutsche Mentalität in seinem Buch „Der Untertan". Hanna Ahrend veröffentlichte ihres „Von der Banalität des Bösen". Wer hätte es den Tätern zugetraut? Es waren ganz normale Menschen wie du und ich.

Was immer es ist oder war, Angst ist der mächtigste Antreiber im Leben der Menschen. Angst überfremdet zu werden. Den Arbeitsplatz, den Partner zu verlieren. Krank zu werden. Angst fürchtet alles, was Unerkannt ist, Leid zufügen könnte. Am meisten den Tod. Angst will alles verdrängen.

Ich nehme den Titel zurück. Von Mode kann keine Rede sein. Verdrängen hilft zu leben. Bis kommt oder nicht, was man fürchtet. Eines Tages auch der

Tod. Am liebsten plötzlich. Schmerzlos innert einer Sekunde.

Kein Mensch denkt an Abermillionen Bilder, Filme, persönliche Meinungen, die er und andere von sich selbst ins Facebook stellten. Zeigen allen, die es wissen wollen einen Menschen, der noch lebt wie sie ihn kennen. Weiter lebt nach seinem Tod in unsterblichen Daten. Lacht, liebt, tanzt und meckert bis in alle Ewigkeit.

SPRACH-MODE.

Auch Sprachgewohnheiten sind Mode geworden. Speaking English ist „in". Zeigt Weltläufigkeit, Bildung, Up-to-date sein. Computer mögen kein Deutsch. Alle die Arten von Pads auch nicht. Viele werden gezwungen, Nachhilfe zu nehmen. Oder das Wichtigste auswendig zu lernen. Die jungen verstehen es als learning by doing. Alte verzichten oder quälen sich ab. Geschäfte plakatieren „Only for youngster". „Sale" auf allen Fenstern. Happy möchten sie alle sein.

Dabei klingt „glücklich", hört man es, viel glücklicher. Zugegeben, englisch ist kürzer. Kostet weniger in der Herstellung. Ist aber nicht in allen Fällen anschaulicher. „Schlussverkauf" versteht jeder. Rabatt auch. Klingt ehrlicher als Discount in Deutschland.

Die Sprache unserer großen Dichter und Denker verliert immer mehr an Bedeutung und Akzeptanz. Ihre Feinheiten sind schon lange nicht mehr im Gebrauch. Wer kennt noch den Begriff „Angemessenheit"? Weiß, was es bedeutet? Junge lieben kurze Stichworte. Als hätten sie keine Zeit. Englisch macht´s leicht. Hi, okay, cool, sorry. Erwachsene mühen sich, ihr Schulenglisch aufzubessern. Um in der Sprachverwirrung mitzuhalten. Die deutsche Sprache verliert. Wird Opfer der Globalisierung. Die von vielen als Zwang verstanden wird.

Zwang englisch zu sprechen, damit Deutsche mit Japanern, Franzosen mit Norwegern, Wissenschaftler mit Politikern reden, Computerspezies sich auf Zuruf verständigen können. Mit Besuchern aus dem Ausland in der Straßenbahn englisch zu reden ist cool. Gut für die, die es können. Und die anderen?

Deutsch ist für über 130 Millionen Menschen Heimatsprache. Sich zu verständigen in Beruf und Alltag. In der Schule gebüffelt, im Elternhaus gesprochen. Eigentlich immer noch. Wenn auch nur unkonzentriert. Und alle streuen englische Kürzel in deutsche Sätze. Alles okay? Okay? Wahrscheinlich weil diese Kurzworte auf der Zunge liegen. Mittlerweile Sprachgebrauch sind. Prägnanter gelegentlich als Deutsch und andere Sprachen. Auch ohne Grammatik zu verstehen. Nicht nur Mark Twain fand die deutsche Rechtschreibung chaotically. Kein Wunder, dass man ihr ausweicht, wo es geht.

Niemand ist da, der Deutsch als Hochsprache verteidigt. Findet nur auf Theaterbühnen eine Bleibe. Solange Schillers Dramen in Schillers Sprache aufgeführt werden. Den Alltag aber bestimmen die neuen Regeln der Globalisierung. Schnell muss es gehen. Und so präzise wie möglich. Zwischen Alltag und Geschäften gibt es keinen Unterschied mehr. Intelligente Leute könnten in beiden Sprachen perfekt werden. Unterdessen degeneriert die Deutsche Sprache zum Kauderwelsch.

Deutschlehrer verzweifeln und gehen vorzeitig in Pension. Eine vielhundertjährige Kultur geht zugrunde. Rettung in Sicht? Udo Lindenberg machte es vor. Andere Sänger folgten. Sie sangen und singen ihre anrührenden Texte statt in Englisch in deutscher Sprache. Und haben Riesenerfolg. Ihre Texte versteht jeder. Auch wenn sie verraucht klingen, verrockt. Gefühle werden wach. Die Gedanken fliegen. Das Publikum rast. Anwesende Mütter und Väter mit Kopf und Herz dabei.

Singen deutsche Bands englisch, sind es nur dröhnende Bässe, schrille Stimmen und Rhythmus, der mitreißt. Gemeinsamkeit nur scheinbar herstellen. Weil nicht alle verstehen, was gesungen wird. Außer Love, happy, you, life. Emotion allein ist zu wenig um glücklich zu sein.

Warum nicht mehr Deutsches im Alltag? In anderen Disziplinen. In Fachvorträgen zum Beispiel englische Begriffe deutsch umschreiben, wenn sie unvermeidlich sind. Für nicht wenige Zuhörer ein Gewinn. Deutsch in Gebrauchsanleitungen elektronischer Geräte hilfreich, vermeidet falsche Bedienung mit Folgen. Ärger und Kosten.

Computeranweisungen dito. Nur wer versteht, kann´s richtig machen. Und alle wollen es richtig machen. Oder? Auch die der englischen Sprache nicht mächtig sind. Außerdem: Nicht selten nutzen Englischkenntnisse rein gar nichts wie man erfährt. Fachchinesisch findet man in keinem Dictionary.

Marc Chesney, Professor für Banking und Finance in Zürich, fordert in allen Disziplinen die jeweilige Landessprache. Überall Englisch hat Vereinheitlichung des Denkens zur Folge, kulturelles Aus.

SINN-MODE.

Muss alles einen Sinn haben? Sinn machen, Schornsteinfeger zu werden? Zu studieren? Zu heiraten? Auf der faulen Haut liegen dann und wann? Alles, was wir denken, was wir tun, müssten wir eigentlich hinterfragen: Welchen Sinn macht es? Denken es hin und wieder. Dann, wenn einem Tätigkeit, eine Beziehung sinnlos vorkommt.

Und überlassen die Antwort momentaner Laune und Gutdünken. Bei weiterem Nachdenken weichen wir aus. Sinn könnte uns Schwierigkeiten bereiten. Entscheidungen in Frage stellen. Sich als falsch erweisen. Lassen es und haben ein schlechtes Gewissen. So etwas wie Un-Sinn schleicht sich ein, ohne dass wir es erkennen. Wir befinden uns im Schwebezustand. Dort aber fühlen wir uns ganz und gar nicht wohl.

Zweck ist die andere Seite in unserem Leben. Nicht zu verwechseln mit Sinn. Ich arbeite, um Geld zu verdienen. Gut zu sein in meinem Fach, Anerkennung zu erhalten. Noch mehr Geld zu verdienen. Das ist der Zweck meiner Arbeit. Aufräumen hat den Zweck alles schnell zu finden. Alltag scheint nur aus Zwecken zu bestehen. Immer mehr Menschen befriedigt das allein nicht mehr, fragen nach Höherem. Das mehr ist als reiner Zweck. Es muss Sinn machen, das was ich tue. Oder tun möchte. Tief im Innersten befriedigen. Glücklich machen.

Ohne erkennbaren Sinn ist unser Denken und Handeln für die Katz. Wir sind unglücklich, unzufrieden mit uns selbst. Alle Fragen zu Liebe, Leben und Tod, Gesundheit und Krankheit, Arbeit und Urlaub, Anstrengen und Faulenzen brauchen Antwort. Auf einer höheren Ebene sozusagen. Eine die klar ist und nachvollziehbar. Befriedigt mehr als reiner Zweck. Macht glücklich. Das spürt ein jeder. Der eine mehr, der andere weniger. Aber alle wollen einen Sinn erkennen, bewusst oder unbewusst.

Clevere Leute nutzten diese Sehnsucht, tüftelten eine neue Geschäftsidee aus: Sinnsuche. Versprechen all denen zu helfen, die unter der Frage nach dem Sinn ihres Tuns leiden. Eine plausible Antwort nach dem tieferen Sinn ihrer Tätigkeit, ihres Lebens suchen.

Die Cleverle liefern sie ihnen, ohne dass man sie einklagen kann, wenn sie eine falsche Antwort geben. Auch Bücher versprechen dasselbe. Pastore werden schon lange nicht mehr gefragt. Ihre Antwort meint man zu kennen. Vorsehung, was ist das? Man ließe sie besser heiraten, die allgemeine Meinung zum Zöllibat. Dann wüssten sie, wie uns zumute ist. Und geht zum Quacksalber.

Die Auflagen steigen, die Honorare. Alles ist Geschäft. Immer noch, und immer wieder die Frage nach dem Sinn unseres Tuns. Zeichen der Zeit?

In jüngster Zeit werben islamistische Radikale in Europa neue Mitglieder für ihren Islamischen Staat an. Versprechen auf Facebook oder Twitter viel. 20000 Euro und den Himmel mit zweiundsiebzig Jungfrauen dazu. Wenn sie sich ihnen anschließen. Werden in Syrien zu einem umgedreht, der sie nicht sind. Gedrillt, gegen den gottlosen Westen zu kämpfen. Gehirnwäsche sondergleichen. Begehen Attentate. Sprengen sich in vollen Stadien selbst in die Luft und reißen hunderte Unschuldiger mit in den Tod. Es lebe Allah. Tod seinen Feinden. Paris 2015 das schrecklichste Beispiel mit 130 Toten und über 300 teils schwer Verletzten.

Es sind überwiegend junge Leute aus dem Mittelstand, die keinen Sinn mehr sahen in ihrem bürgerlichen Leben. Allah wird ihnen Sinn wiedergeben. Tot sein ist besser als leben. Ob sie es wirklich glauben? Es hört sich so an.

Von der Frage nach dem Sinn ihres Tuns gequälte Gemüter hoffen und hoffen. Zahlen Quacksalbern hohe Honorare die einen. Zahlen mit ihrem Leben die anderen. Ist ihnen zu helfen? Wirklich zu helfen, bevor es soweit ist? Die Antwort könnte lauten:

Überwinde die Angst dich zu blamieren, wenn du dein Innerstes öffnest. Unsicherheit und Angst befreit auch. Lass dir erzählen, wie andere ihren Sinn gefunden haben. Sprich mit vertrauenswürdigen Menschen, die du gut kennst. Bevor du dich per Twitter oder Facebook auf verlockende Sinnversprechungen einlässt. Jihadisten verpacken ihre Botschaften geschickt als Weltverbesserungsideen.

Sprich mit einem Pastor in Gottes Namen. Mit einem Menschen, von dem du weißt, er kann sich in dich hineindenken, hineinfühlen. Deine Fragen verstehen, weil er dieselben hatte oder hat. Du glaubst nicht, was offen reden bewirkt. Sinn öffnet sich in euch. Scheint wie die Sonne.

Vielleicht erinnert sich einer, dass es in Städten und Dörfern immer noch eine Mitte gibt. Eine Kirche, die Jahrhunderte lang für alle Zentrum ihres Lebens war. Und Sinngeber. Heute leerer als je zuvor. Vielleicht, weil wir uns zu sehr an den Rändern bewegen, Mitte ist verloren gegangen.

Oder stell dir vor, es gibt ein höheres Wesen wie Gott, von dem du einmal glaubtest, es gibt ihn. Allem

Lebendigen einen Sinn in die Wiege legte. Einer zu sein, der die Freiheit hat an ihn zu glauben oder nicht. Schöner Gedanke.

Aus eigener Erfahrung weiß ich, Sinn macht letzten Endes nur, was uns als Person entspricht. Dem was wir sind und dem was wir können. Was macht Sinn bei meiner Veranlagung, meinem Denken und Handeln? Und glücklich. Die Antwort kommt dann von selbst. Vom besseren „Ich". Rettungsring in jedem Menschen. In sich hinein horchen ist alles.

TRENDS.

Je verrückter eine Sache, je andersartiger, neuer, desto mehr Anhänger oder Nutzer findet sie. Es wird Mode. Scheinbar braucht der Mensch von heute den elektronischen Kick. Weil man schneller mitkriegt, was passiert. Weil man den Trend nicht verpassen darf. Facebook ist so ein Phänomen. Datentechnik macht möglich, jeden und alles zu erreichen. Über Kontinente hinweg. Die richtige Nachricht bringt Zigtausende Klicks. Menschen, die das gut finden. Reagieren mit „gefällt mir". Das Angebot von legalem Canabis ein Beispiel von ungezählten.

Nur Mark Zuckerberg, der Boss weiß wieviel es sind. Das Geschäft blüht und gedeiht, wird größer und größer. Kontaktet alle Menschen, die neugierig sind und teilhaben wollen am weltweiten Geschehen. Es ist ja auch spannend. Vor allem, wenn es um Tabus geht. Der exibitionistischen Nachbarin zusehen beim Sex. Kleine Kinder begaffen, die nackt vorgeführt werden. Allerlei Zeugs von Künstlern und Amateuren. Und viel Unsägliches vom Müllhaufen der Langeweile auf Facebook. Wirklich Brauchbares oder Unterhaltendes verliert sich in der Masse. Für den, der sich unwissend angemeldet hat, ist Löschen die einzige Möglichkeit sich vor solchen Überfällen aus dem All zu retten.

Trotzdem erfasst Facebook jeden, der registriert ist. Jeden, der anklickt. Jeden, der löscht. Mit allen Daten, auch persönlichen. Wenn er sie bei der Anmeldung eingegeben hat. Ohne dass er je erfährt ob damit Schindluder getrieben wird. Wieder so ein schönes altes deutsches Wort. Es bedeutet missbrauchen. Zuckerberg wird wissen, was er mit der Masse der Daten anstellt. Mit einem neuen Programm will Google ihn jetzt übertreffen. Alle Daten seiner Suchmaschine automatisch vernetzen. Unschuldsbeteuerungen darf man in Zweifel ziehen. Wir sollten wissen, Missbrauch ist die logische Konsequenz jeden Fortschritts.

Der Mensch ist geboren, um zu leben. Gut zu leben. Sich selbst und anderen zu gefallen. In kritischen Situationen der bessere sein. Und niemandes Feind. Aber …

Materielles Denken dominiert unser Leben. Alle wollen alles haben. Clevere Unternehmer denken sich was aus. Lassen entwickeln, konstruieren, produzieren, fotografieren. Veröffentlichen auf Plakatwänden, in Anzeigen, Zeitschriftenbeilagen, Internet-Foren. Damit sind sie präsent. Und alle sehen es. Hersteller wollen verkaufen, was sie produzieren. Müssen Mitarbeiter bezahlen. Wollen möglichst Profite erzielen. Um weiter zu produzieren, weiter zu wachsen zum Wohle ihrer Zielgruppe, der ganzen Menschheit. Wie sie sagen. Und der Normalverbraucher kauft.

Immer öfter werden wir Opfer der Technik. Nicht lange und Kranke werden von Robotern gepflegt. In wenigen Jahrzehnten soll es Liebende geben, die sich von einem künstlichen Menschen Blumen schenken und küssen lassen. Mit ihm schlafen. Japanische Tüftler sind bereits weit gekommen. Arbeiten wie Roboter am Fließband eines Fortschritts, der ein Rückschritt ist. In die Zeit, als Hexen und Zauberer die Menschen zwangen, zu tun was sie von ihnen verlangten. In Gottes und Dreiteufels Namen.

Hollywood produziert Filme mit Maschinenmenschen aus dem Weltall. Am laufenden Band. Dr. Mabuse lässt grüßen. Maschinen überall. Bald auch in unserem Bett. Mit casualdating fängt es an. Partnervermittlung per Internetmaschine. Ein Drittel der unter 30jährigen kann sich vorstellen mit einer „Love-Machine" im Bett zu liegen. Der helle Wahnsinn. Oder?

Menschen wie du und ich folgen den Trends. Einer Mode. Wir sollten uns fragen, macht es Sinn? Müssen wir in allem up-to-date sein? Wir wollen doch frei sein. Folgen dennoch unbedacht Tageslaunen und niedrigen Instinkten in die dunkelsten Ecken. Wo von Moral nicht mehr viel zu sehen ist. Aber das bessere „Ich" lebt in uns. Wecken wir es auf. Und entlassen es in die Freiheit.

NACH-BEMERKUNG.

Nun gibt es noch eine Sache, die Mode zu sein scheint. Und doch keine ist. Das Geld. Keine Sache, die flüchtig ist im Prinzip. Hundert Euro bleiben hundert Euro. Zehn Cent zehn Cent. Es sei denn, der Euro verliert an Wert. Ein Brot kostete drei Milliarden Mark wie in der großen Inflation nach dem ersten Weltkrieg. Geld ist mehr als Zahlungsmittel. Gewinnt bei armen Leuten oder verliert bei reichen an Bedeutung. Das ist der Punkt. Schnelles Englisch hätte ein Kürzel, das sogar mir gefallen könnte. Der Alliteration wegen – gleicher Anlaut: Money-Mode.

Meine den ideellen Wert, nicht den praktischen. Ohne Geld, kleines oder großes, ist leben in unserer Welt nicht möglich. Wir geben es aus für Miete, Sozialversicherung, Kleidung, Urlaub, Geschenke, das tägliche Brot. Soweit der vernünftige Zweck des Zahlungsmittels.

Modisches lockt mehr auszugeben als wir haben. Die Geldinstitute leihen, es ist ihr Geschäft. Besonders clevere Kaufhäuser nutzen Bedarf und Kauflust. Defaka, deutsches Familienkaufhaus finanzierte alle Käufe. Für den Betrag der monatlichen Rate konnte man sofort wieder Neues kaufen. Ein unendlicher Kredit. Im Handumdrehen ist Geld wichtiger als die Sache. Von Denken will ich gar nicht reden.

Geld bestimmt in unserer kapitalistischen Gesellschaft Alltag und Denken. Wurde Prämisse, Voraussetzung für ein ruhiges Leben, sagt man. Und meint unverzichtbar und damit wichtiger als alles andere. Der goldene Bulle glänzt vor der Börse.

Wir merken nicht, dass „schnöder Mammon" alles diktiert. Fesselt das freiheitliche Denken. Drängt Weltanschauungen in den Hintergrund. Sogar die Vernunft in viel zu vielen Fällen. Dominiert die Alltagsgespräche. Entscheidet über Prassen oder verhungern. Nicht verwunderlich, dass der Suizid bei Naturvölkern, afrikanischen Stämmen und Indianern viel seltener vorkommt als in der kapitalistischen, sinnentleerten Gesellschaft. Nach denken und vordenken ist Pflicht.

Über den Autor

Otto W. Bringer, 89, vielseitig begab-
ter Autor. Malt, bildhauert, fotografiert, spielt Klavier und schreibt,
schreibt. War im Brotberuf Inhaber
einer Agentur für Kommunikation.
Dozierte an der Akademie für Mar-
keting-Kommunikation in Köln.
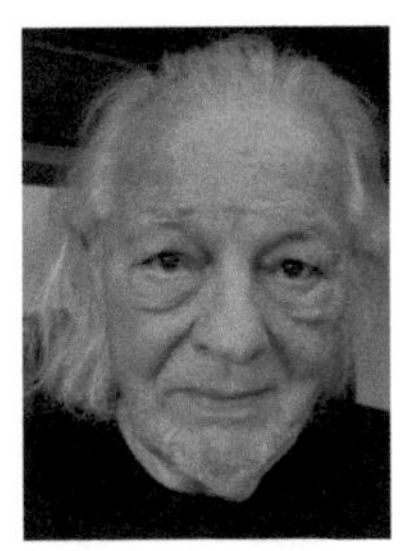
Freie Stunden genutzt, das Leben in Verse zu gießen.
Mit 80 pensioniert und begonnen Prosa zu schreiben.
Sein Schreibstil ist narrativ, "ich erzähle" sagt er. Seine Themen sind die Liebe, alles Schöne dieser Welt.
Aber auch der Tod seiner Frau. Bruderkrieg in Paläs-
tina. Werteverfall in der Gesellschaft. Die Vergäng-
lichkeit aller Dinge, die wir lieben. Die zwei Seelen in
seiner Brust.

Weitere Bücher von Otto W. Bringer

"ROSE LEBT": Wieder auferstanden in diesem Buch. Lebendig in Bildern und Liebesbriefen an die Verstorbene.
Taschenbuch mit 230 Seiten und 15 Fotos

"MALLORCA mit allen Sinnen": Land und Leute kennen und lieben gelernt. Das Meer, die Buchten, in Finkas gewohnt und in Nobelhotels. Mit Einheimischen gefeiert.
Taschenbuch mit 212 Seiten und 21 Fotos, auch als ebook lieferbar

"ITALIEN mit allen Sinnen": Die Wiege abendländischer Kultur. Ziel ihrer Sehnsucht, Menschen kennenzulernen. Zu sehen, zu erleben, was Kunst ist. Einschließlich kulinarischer Genüsse.
Taschenbuch mit 242 Seiten und 21 Fotos, auch als ebook lieferbar

"FRANKREICH mit allen Sinnen": Nachbarland, in dem Geschichte lebendig ist. In römischen Theatern, Klöstern und Königsschlössern. Kultur eingeatmet, Geschichte hautnah erlebt. Sterneküche und Bistros genossen.
Taschenbuch mit 220 Seiten und 30 Fotos, auch als ebook lieferbar

"ZUHAUSE – Wo?" Autobiographie, eine lange, detailreiche Geschichte. Mit Niederlagen und Siegen.

Überraschenden Höhepunkten und geplanten Erfolgen. Liebe und Tod die Eckpunkte allen Geschehens. Taschenbuch mit 443 Seiten

"PORCUS – das charakterlose Schwein" Fast ein Krimi. Lebenslauf von Gymnasiasten, die sich mit lateinischem Namen ansprechen. Porcus einer, der sie verpetzte, als sie in der Pause mit Mädchen schmusten. Später versuchte er einen von ihnen zu töten. Was ihm nach vielen schlimmen Ereignissen zum Schluss auch gelang. Weil er einen schlechten Charakter hatte?
Als ebook lieferbar

"Das Rätsel Frau" – aus der Sicht des Mannes. Weil sie anders ist. Nicht nur anders aussieht, auch anders denkt, reagiert und entscheidet. Mann reagiert wie ein Mann. Sieht sich als die Nr.1 in der Geschichte der Menschheit seit Adam und Eva. Der Autor erzählt in seinen Essays das spannende Leben von erfolgreichen und gescheiterten Frauen. Tapferen ledigen Müttern. Ihrem Verhältnis zu Männern. Und umgekehrt. Braucht das Land neue Männer?
Taschenbuch und Hardcover mit143 Seiten, auch als ebook lieferbar

"GESICHTER das Rätsel hinter den Fassaden" Alles hat ein Gesicht. Essays über Pharaos Goldmaske, Jesus von Nazareth, Karl der Große, Goethe, Adenauer, Marilyn Monroe u.a. Ein Hund, Landschaft, Städte und der Autor selbst im Spiegel. Findet er des Rätsels Lösung?
Taschenbuch mit 250 Seiten und 18 Abb. , auch als ebook

"AUGE um AUGE": Roman über den Konflikt zwischen Juden und Palästinensern. Politische und gesellschaftliche Probleme. Ein Mann und zwei Frauen darin verwickelt. Eine von ihnen ist Jüdin. Engagiert mit ihrem Freund für Versöhnung. Sie lernen sich kennen und das Drama nimmt seinen Verlauf. Tote auf allen Seiten. Ein Mann, eine Frau bleiben und ein dreijähriges Kind.
Taschenbuch und Hardcover mit 286 Seiten, auch als ebook lieferbar

"ADIEU – Nichts bleibt und lieben wir es noch so sehr." Kurzgeschichten von Menschen, die Geliebtes verloren. Oder darauf verzichten mussten, weil es nicht mehr gab, was sie liebten. Oder nachlassende Körperkraft keine Berge mehr bezwang. Ein Unglück alles änderte. Kurzgeschichten über 38 Schicksale, wie sie jedem passieren könnten.
Als ebook lieferbar

"Fräulein QUAKIS Versuche ein Mensch zu werden". Geschichte einer Freundschaft zwischen einem kleinen Mädchen und einem Froschfräulein. Was so hoffnungsvoll begann, endet in einem Desaster. Alle Versuche Deutsch zu lernen scheitern. Wundermittel, Wallfahrten und Gentransplantion bleiben erfolglos. Sie bleibt ein Frosch. Und endet nicht wie der Frosch in Grimms Märchen.
Taschenbuch mit 112 Seiten, auch als ebook lieferbar